위로

위로

초판 1쇄 발행 2023년 6월 20일

지은이 박상욱
펴낸이 장길수
펴낸곳 지식과감성#
출판등록 제2012-000081호

교정 주경민
디자인 서혜인
편집 서혜인
검수 정은솔, 윤혜성
마케팅 정연우

주소 서울시 금천구 벚꽃로298 대륭포스트타워6차 1212호
전화 070-4651-3730~4
팩스 070-4325-7006
이메일 ksbookup@naver.com
홈페이지 www.knsbookup.com

ISBN 979-11-392-1167-2(03810)
값 12,000원

- 이 책의 판권은 지은이에게 있습니다.
- 이 책 내용의 전부 또는 일부를 재사용하려면 반드시 지은이의 서면 동의를 받아야 합니다.
- 잘못된 책은 구입하신 곳에서 바꾸어 드립니다.

지식과감성#
홈페이지 바로가기

위로

위안과 사랑의 시

박상욱 시집

지식과감정

시인의 말

나의 글이 누군가의 괴롭고 힘든 삶에
작은 위로를 준다면
그것이 글의 까닭입니다

2022년 겨울
박상욱

차례

시인의 말

마음의 고향	10
잃어버린 꽃	11
희망의 햇살이 나를 비춥니다	12
나는 그저 나일 뿐입니다	13
용서하여요	14
당신의 오른손을	15
당신은 알지 못합니다	16
위로	17
다시 사랑할 수 있도록	18
우리 약속할래요	19
당신과 나	20
별은 빛나건만	21
작은 행복	22
목소리	23
눈물이 흐를 때에는	24
다시 태어난다면	25
나는 빛입니다	27
당신은 나의 무릎베개입니다	28
불안은 없어요	29
눈이 부신 어느 날에	30

31	쓰러지고 또 쓰러진다 하여도
32	뜬구름이라는 인생
33	옳음이란 무엇인가
34	사람의 숲으로부터의 고통
35	노동의 삶1
36	노동의 삶2
37	가족
38	걱정은 흰 눈처럼 녹아내려요
39	당연한 일인데 말이에요
40	고향의 노래
41	꽃에게 내일은
42	길 위에 선 우리는 외로운 사람들
43	이 길 위에서
44	희망에게
45	우리 집
47	봄빛 가득히 비춰 오는 날
	나는 봄을 알지 못해
48	밥그릇 안에는
49	내 마음의 집에서
50	앎

미약한 숨결 너의 곁에는 51	71 사랑은 모든 걸 잠들게 해
인생은 덧없다 하지만 52	72 그대가 없는 이 밤을 나는 원치 않습니다
영원이라는 시간 너머로 53	73 꽃
귀뚜라미는 노래하고 54	74 사랑이란 꽃을 피우길
세상은 물질에 취하여 55	75 물드는 사랑
나는 하얀 눈을 밟았던 때를 기억합니다 56	76 그것을 사랑이라 이름 짓는다
희망이라는 씨 57	77 바람
흰 눈이 내려와 58	78 죄
흰 눈에게 안녕 59	79 가면
겁 60	80 사랑은
사랑이란 무엇일까요 61	81 빼앗긴 영혼
사랑하고 있습니까 62	82 반딧불
살아가고 있습니까 63	84 작은 방 안에서
한낱 흙으로 돌아감을 64	85 아이들을 위하여 우리는
고통의 산물 65	86 끊임없이 내게 물을 때
술은 괴로움과 친구라지요 66	87 잃어버린 시간
그날에1 67	88 쉬운 일
그날에2 68	89 세상에는 참으로
당신의 영혼 속에 사는 69	90 올바르지 못한 침묵
발걸음에 대하여 70	

꿈을 꾸는 사람을 보았나요	91	108	꽃으로 오시렵니까
주검이 다가올 때까지	92	109	입맞춤
유예하다	93	110	첫 새벽하늘을 마주하며
그대는 위대한 사람	94	111	무엇도 원망치 말라
울고 있나요 그대	95	112	흙
사랑은 죽지 않았습니다	96	113	투명 우산
커다란 사랑에 대하여	97	114	중독
오라 그대여	98	115	삶이 행복한 이유
흰 눈은 내려오는데	99	116	원형 식탁
품	100	117	나비가 내려앉는 그곳에
땀 흘려 일하는 그대에게	102	118	축복의 메아리 세상을 뒤덮고
당신 마음에 핀 나의 꽃을 사랑해 주세요	103	119	나무
선물	104	120	사랑의 시간
고백	105	121	노인과 나
행복	106	122	신이시여 허락하옵소서
난 당신의 사랑 속에 빠져들어요	107	123	시간에 기대어서

마음의 고향

엄마가 그리워지는 날에는
아빠가 그리워지는 날에는
내 아이가 그리워지는 날에는

내 마음 한편에 묻어 둔
그리운 얼굴을 끄집어내었다

고달픔에 짓눌린 나는
고향으로 발길을 돌린다

마음의 안식처
나의 고향으로

잃어버린 꽃

삶에 지친 우리는
마음속에 피어난
아름다운 한 송이 꽃을
잃어버리고 살고 있다

어릴 적 동심의 마음으로
세상을 바라보았던
하얗고 하얗던
내 마음에 피어난 한 떨기 꽃송이를

희망의 햇살이 나를 비춥니다

희망은 멀리 있는 것만 같아
희망이 존재하기는 하는 것일까
스스로 의구심을 갖는다는 것은

희망의 햇살이 나를 비추고 있지만
어두운 길 위에 서 있는 것과 같습니다

희망의 햇살은
미약하지만 스스로
작은 믿음의 씨를 가질 때에

미약하게 움트는 빛입니다

나는 그저 나일 뿐입니다

가끔은 내가 하찮아 보일 때가 있습니다
가끔은 내가 우스워 보일 때가 있습니다
그렇지만 괜찮습니다

나는 그저 나일 뿐입니다

용서하여요

용서하기로 했습니다
지난날의 내 모습을

용서하기로 했습니다
부족한 나 자신을

이제는 내 안에
나를 용서하기로 했습니다

당신의 오른손을

당신의 오른손이 할 수 있는 일이
위대하다는 것을 당신은 알지 못합니다

슬픈 이에게 손수건을 건네줄 수 있으며
괴로움에 짓눌린 이에게 당신은 위로의 온기를 전할 수 있으며
더 나아가 당신의 가슴에 손을 대고
사랑한다고 말해 줄 수 있다는 것이
얼마나 위대한 일인가요

당신은 알지 못합니다

당신은 알지 못합니다

오늘 하루
당신은 누군가에겐 선물이고
위로였다는 것을

당신은 알지 못합니다

오늘 하루
당신은 누군가에겐 선물이고
기쁨이었다는 것을

위로

길 위에 꽃이 피었습니다
만개한 꽃잎에 금빛 햇살이 비추고 있습니다
하지만 길 위에 꽃도 하늘에 금빛 석양도
내 맘을 알지는 못하는 것 같습니다

혼자서 울고 있는 내 모습을
혼자서 괴로워하고 있는 내 모습을
어느 누구도 알지는 못할 것입니다

그렇다 해도
나는 삶을 살아가야 합니다

나의 곁에는
사랑하는 가족과
날 바라보는 그대 눈빛이 있기 때문입니다

지쳐 있는 내 삶에
종착지에는 나를 기다리는
가족이란 안식처가 있기 때문입니다

다시 사랑할 수 있도록

당신의 영혼은 알고 있습니다
당신은 쓰러진 것이 아니라는 것을
잠시 고된 삶에 지쳐 넘어진 것이라는 것을
다시 사랑할 수 있도록
쓰러진 육신을 다시 일으키려 한다는 것을

우리 약속할래요

우리 약속할래요
진흙 묻은 듯이
무거운 걸음으로 걷지 않기

우리 약속할래요
모든 걸 잃은 듯이
무거운 얼굴로 걷지 않기

당신과 나

당신은 꽃으로
나를 기다려 주시기에
나는 한 마리의 나비가 되어
당신께 가려 합니다

당신은 사랑만으로
나를 기다려 주시기에
나는 헛된 모든 것 버리고
당신께 가려 합니다

별은 빛나건만

별은 빛나건만
여린 숨의 눈동자는 빛을 잃어 가고 있다
우리는 여린 숨의 눈동자인 것임을

대지 위에 발자국은 스며드는데
여린 숨의 발길은 길을 잃어 가고 있다
우리는 여린 숨의 발자국인 것임을

작은 행복

길을 걷다
문득 나를 비춰 주는
따스한 햇살을 느낄 수 있었다

행복했다
햇살을 느낄 수 있음에
살아 있음에

목소리

"사랑해"라는 태중에서의 희미했던
엄마의 목소리가
오늘 들려왔다
사랑으로써 나의 아기를 키우던 어느 날
"오늘에"

눈물이 흐를 때에는

눈물이 흐를 때에는
눈물이 번지어 흐를 때에는
슬픔의 조각이 두 뺨에서 흘러내릴 때에는
눈물을 흘리십시오
우십시오

그 눈물이 강이 되어 흐를 때
멈춘다는 것을 나는 알기에

다시 태어난다면

먼 훗날에
다시 태어난다면

나는 나무가 될 거야

아직 안아 주지 못한
사람이 있기에

나는 빛입니다

나는 빛입니다
나는 꿈입니다
나는 희망입니다

이토록 빛나는 빛을 누가 굴복게 할 수 있나요
어두운 밤에도 발하며 영원토록 발할 이 빛을
이 시대를 넘어 누군가의 마음에 새겨질 당신의 꿈을

당신은 나의 무릎베개입니다

내 무릎베개는 그대입니다

어떤 말로도 형용치 못하는 그대는
내 삶의 무릎베개입니다

이러한 그대가 있어
참 다행입니다

불안은 없어요

나는 과거에
나는 미래에 살지 않아요

나는 오늘을 살아요

눈이 부신 어느 날에

후회만 가득한 과거와 불안한 미래가 내게 머물지만
오늘은 햇살 가득히 눈이 부신 날입니다
비추어 오는 햇빛과
풍겨 오는 꽃의 향기
오늘은 그저 눈이 부신 날입니다

○
쓰러지고 또 쓰러진다 하여도

스스로에 대하여 의심치 마세요
쓰러지고 또 쓰러졌을지라도
당신의 영혼은 일어서려 합니다

연약한 당신을 부축하며

뜬구름이라는 인생

뜬구름 사이로 황금 보물이 있지만
우리는 그곳에 이르지 못할 것입니다

뜬구름 사이로 명예의 깃발이 있지만
우리는 그곳에 이르지 못할 것입니다

마치 삶이란 한 조각 뜬구름이 일어남이고
주검이란 한 조각의 뜬구름이 사라짐이라

옳음이란 무엇인가

옳음이란 존재하지 않는다

그것을
누가 알겠냐마는

다만
우리는
옳음을 향해 걷는다

누군가의 옳음은 세상을 움직이고
누군가의 옳음은 어둠을 굴복게 한다

옳음은 존재치 않지만
옳음을 좇는 이들로써
우리는 밝은 세상을 마주한다

사람의 숲으로부터의 고통

사람의 숲에서 그대의 숨결은 점점 미약해져 갔고
그대의 마음은 점점 괴로움을 향해 달려갔지만
그대 그곳을 떠나
당신의 안식처로 갈 때에
그 숨결은
다시금 당신만의 숨결이 될 것이라 믿습니다
엄마의 숲으로 당신의 발걸음이 당신의 숨결이 향해 갈 때
사랑의 숲으로 우거진 그곳에서 쉬리라 엄마의 품에서

노동의 삶1

마디마디에서 흘러내려
땅으로 나의 땀은 사라져 버리지마는

땀이 흐르는 내 몸 안에는
환히 웃음 짓는 아이들과 그리고 가족이 있다

때때로 힘겨움이 나를 억누른다 하여도
가족이 있기에 나는 이 노동의 삶을 살아간다

노동의 삶2

해 질 녘 힘겨움으로 적셔진 나를 반기는 건
따뜻한 국물에 소주 한잔
답답한 가슴 뻥 뚫리는 듯
아 행복하여라

해 질 녘 힘겨움으로 적셔진 나를 반기는 건
사랑 띤 미소들
답답한 가슴 뻥 뚫리는 듯
아 행복하여라

가족

웃음과 사랑 미움이 번지어
가족이 되었다

걱정은 흰 눈처럼 녹아내려요

너무 걱정 말아요
쌓이고 쌓인 걱정도
흰 눈처럼 내일이면
녹아서 사라질 테니까요

당연한 일인데 말이에요

사람들은 나와 같으면서 아닌 척을 해요
우린 수많은 색깔의 무지개처럼
여러 감정의 사람인데 말이에요

슬퍼하는 일
기뻐하는 일
화내는 일
괴로워하는 일
모두 당연한 일인데 말이에요

고향의 노래

마중을 나갑니다
귀뚜라미 소리 들려오는 두 팔 벌려
나를 기다리는 신록의 고요 속으로

마중을 나갑니다
흰 눈이 소복이 쌓인 순결의 노랫소리가 들려오는
나를 기다리는 순결의 고요 속으로

마중을 나갑니다
엄마 향기가 풍겨 오는 어느 작은 거실
엄마의 음식이 기다리는 사랑의 시간 속으로

우리는 오늘도 어두운 길 위에 서 있지만
오늘을 넘어 사는 이 마음은
마중을 나갑니다

꽃에게 내일은

내일이 기다려지는 이유는
꽃이 있기 때문입니다

내일이 기다려지는 이유는
당신을 만나러 가기 때문입니다

내일이 오기 전

나는 오늘 당신을 만났습니다
나의 집 나의 마음 나의 기억 그리고 사랑으로

내일이 기다려지는 이유는 당신에게 갈 수 있는
내 마음이 있기 때문입니다

내일이 기다려지는 이유는 나에게 그대가 있기 때문입니다

길 위에 선 우리는 외로운 사람들

길 위에 선 우리는 외로운 사람들

길 위에 선 우리는 괴로운 사람들

길 위에 선 우리는 연약한 사람들

길 위에 선 우리는 슬픈 사람들

이 길 위에서

길은 누가 만들었을까
그 뿌리를 찾을 수 있다면

바다는 누가 만들었을까
그 뿌리를 찾을 수 있다면

우리의 존재 이유는 무엇일까
그 이유를 알 수 있다면

나는 지금 무얼 해야 하는가

희망에게

너는 등불인 듯이 어두운 길을 밝히어 온다네
나는 그 길을 사랑으로 헤치며
불빛을 따라 발길을 내딛는다네

어두운 밤이여 나뉘어라
어두운 생각이여 나뉘어라

만나리라
희망이라는 빛깔

우리 집

우리가 고통을 감내하면서 노력하는 이유는
우리가 삶의 전쟁 속에서 승리해야만 하는 이유는
우리 집이 있기 때문입니다

봄빛 가득히 비춰 오는 날
나는 봄을 알지 못해

봄빛 가득히 비춰 오는 날
나는 봄이 왔다는 것을 알지 못했습니다
꽃들은 서로를 보고 웃음 짓고
지는 석양은 하늘을 보고 인사하는데
봄빛 가득히 비춰 오는 날
나는 외로이 혼자였습니다

나는 그늘이라 합니다
나는 외로움이라 합니다
나는 슬픔이라 합니다

봄빛 가득히 비추는 어느 날
나는 봄을 알지 못했습니다

밥그릇 안에는

밥그릇 안에서
나는 작은 우주를 봅니다
농부의 땀방울과 어머니의 사랑
새싹의 돋음이 담겨 있는

흰쌀에게
그리고 우주에게
고맙습니다

내 마음의 집에서

세상의 모진 풍파가 나를 집어삼키려 할 때
나는 내 마음의 집에서 숨을 쉽니다

나의 본모습을 잃지 않기 위하여

세상의 불결한 그 무엇이 나를 집어삼키려 할 때
나는 내 마음의 집에서 숨을 쉽니다

다른 그 무엇이 내 삶을 앗아 가지 못하게 하기 위하여

앎

나는 그대가 더 늦기 전에
봄이 오는 소리를
빗방울이 떨어지는 소리를

저 멀고 먼 곳의 궁핍한 자의
외침의 소리를
부디 알 수 있기를
기도합니다

미약한 숨결 너의 곁에는

진흙 묻은 발걸음을 옮기고 있구나
"무거운 걸음을"
흔들리는 너의 발걸음 안에는
흔들리는 너의 눈빛 안에는
미약한 너의 숨결 곁에는
엄마가 숨을 쉬어…

인생은 덧없다 하지만

인생은 덧없다 하지만
길가에 피어난 한 떨기 꽃이
아름답게 느껴집니다

영원이라는 시간 너머로

영원이라는 시간 너머로
당신이 있다면
나는 영원이라는 말을 믿습니다

귀뚜라미는 노래하고

우리가 고이 잠든 고요한 밤에도
귀뚜라미는 노래하고
별빛은 쏟아져 내립니다

이 평화의 고요 속에서
나는 두려움을 느끼기도 합니다
이 고요한 정적 속에 흐르는 것 또한
그분의 행사임을 알기에

이 고요함이 흘러가기를 지속되기를
나는 기도합니다

세상은 물질에 취하여

세상은 물질에 취하여 비틀거립니다
돈의 향기가 그들을 감싸 안고
그들은 잿빛으로 저무는 언저리에 길로 걸어갑니다

다시금
황금빛 아름다움이
그들의 어깨에 내려앉길
내려앉길…

나는 하얀 눈을 밟았던 때를 기억합니다

나는 하얀 눈을 밟았던 때를
해 질 녘 비추어 오는 금빛을
붉은 노을에 달콤한 향기를 기억합니다
잊힌다면 나는 그대를 잊겠지마는

시간만이 늙어 갈 뿐
오늘도 금빛은 쏟아져 내립니다

희망이라는 씨

우리는 폭력이 없는 세상을 꿈꾸기에
혼자가 아닌 우리가 됩니다

흰 눈이 내려와

이토록 아름다운 흰 눈이
땅의 아픔을 덮기 위하여
내려오나 봅니다
흰 천사와 흰 순결로

흰 눈에게 안녕

봄이 오기 전
흰 눈에게 안녕

흰 눈의 얼굴을
봄에는 볼 수 없으니

겁

겁이 났습니다
인생이라는 커다란 벽 앞에
나도 당신처럼 겁이 났습니다

무섭고 두려웠습니다
실패 그리고 참혹한 무너짐에
그보다 더 무서운 건 정신적인 붕괴였지만요

하지만 이제는 두렵지 않아요
그만큼 단련되었으니까요
많이 겪어 봤으니까요

그대도 나처럼
언젠간 무서워하는 마음이 사라질 거라
나는 믿습니다

겪어 보고 느껴 보고
그대도 나처럼 겁이 사라질 것입니다

사랑이란 무엇일까요

별들을 보았습니다
유난히도 반짝이는 별들을
별들에게 물어볼까요

사랑이란 무언지

별들을 보았습니다
작은 별은 작은 빛을
큰 별은 큰 빛을 토해 내고 있네요

별들이 제게 묻습니다

사랑이란 무언지

사랑하고 있습니까

집착이 아닌
욕심이 아닌
소유가 아닌

그 사람을 사랑하고 있습니까?

○ 살아가고 있습니까

비교가 아닌
증오가 아닌
타인이 아닌

나로서…

한낱 흙으로 돌아감을

한낱 흙으로 돌아갈 우리인 것을
무어라
삶에 고통받으며 삶에 의해 아픔을 느끼는가
다만
주검 앞에
삶의 숨결이 다할 때에
인생의 후회는 없기를

고통의 산물

때는 2022년 봄
글을 쓰고 있습니다
고통의 산물이라는 글을 3평 남짓 작은 서재에서
나는 나 자신을 찾아 가고 있습니다
언젠간 그 언젠간 나를 마주할 테지만
무지한 나로서 나를 만나는 길은 아직 멀리 있는 것 같습니다

삶이란 고통으로 가는 길입니다
이 이치를 깨달으면 좋으련만
아직 무지한 저는 마냥 웃고 있습니다

술은 괴로움과 친구라지요

술은 괴로움과 친구라지요
이 녀석 맛은 꽤 씁니다
가끔은 달 때도 있지만요
먹다 보면 몽롱하고요
더 먹다 보면 이 세상 내 것이 되기도 하지요

그날에1

너와 나 푸른빛 파도가
출렁이는 그날에
너는 내 가슴에 스며들고

그날에
나는 네 눈빛에
너를 가득 담아내

저 하늘에
저 별빛에
네 눈빛을 쏘아 올렸다

그날에
너를 기억하려고

그날에2

우리가 사랑하던
우리가 마주하던
그날에

우리가 다투고
우리가 슬피 울던
그날에

서로가 서로를 사랑하고
미워했던 그날에

당신의 영혼 속에 사는

당신의 영혼 속에 사는
순결한 마음을 버리지 마십시오

그 순결함이 어둠으로부터 오는 그림자를
지켜 줄 것이며 당신을 옳은 길로 인도할 것입니다

○ 발걸음에 대하여

누군가는 무거운 발걸음을
누군가는 가벼운 발걸음을 옮기고 있다는 것에 대해
나는 무어라 할 수 없습니다
다만
무거운 발걸음과 가벼운 발걸음은
이 사회가 아닌
본인 스스로만의 잘못인 것인가요?

나는 누군가에게 묻고 싶습니다

사랑은 모든 걸 잠들게 해

당신을 사랑한다는 이유로
내 안에 분노는 잠이 들었습니다

당신을 사랑한다는 이유로
내 안에 슬픔은 잠이 들었습니다

나의 아픔은 그대의 사랑으로부터
잠이 듭니다

사랑은 모든 걸 잠들게 합니다

그대가 없는 이 밤을 나는 원치 않습니다

그대가 없는 이 밤에 반짝이는 별을 나는 원치 않습니다
그 별은 당신의 눈빛이기에

그대가 없는 이 밤에 이는 바람을 나는 원치 않습니다
그대가 내게 오는 발자국이기에

그대가 없는 이 밤에 나직하게 들려오는 내 숨소리를
나는 원치 않습니다

나의 숨은 그대의 숨소리이기에

꽃

꽃처럼 그대는 내게 왔습니다
붉은빛 얼굴에 달콤한 향내를 안고서

사랑이란 꽃을 피우길

괴로움이 다가올 때
그대 사랑이란 꽃을 피우길

슬픔이 다가올 때
그대 사랑이란 꽃을 피우길

사랑이 시들어 갈 때
그대 사랑이란 꽃을 피우길

꽃피우고 꽃피워
꽃 내음 세상에 가득히

물드는 사랑

하루가 너로 물들고
그 물듦이 너를 그립게 한다

그것을 사랑이라 이름 짓는다

물든다
너의 모든 것들로

물들어 너와 나는
우리가 되고

그것을 사랑이라
이름 짓는다

바람

나의 바람은
그대와 생이 다하는 날까지
사랑하는 일입니다

그보다
더 좋은 바람은
없을 테니까요

죄

내게 죄가 있다면
내게 죄가 있다면
내게 죄가 있다면

내 마음에 당신만을 품은 죄입니다

꽃잎도 풀잎도 세상도
나는 품지 못했습니다

내게는 꽃잎도
풀잎도 세상도
그대이기에

가면

세상으로부터 살려고 하기에
나는 가면을 씁니다
억지웃음과 거짓된 말을 하곤 하죠
가끔은 이런 내가 싫어
스스로에게 얼굴을 돌리기도 합니다
어쩌면 내가 쓴 가면은
나를 보호하는 보호색이기도 할 테지만
이러한 나를 마주할 때면
내가 싫어지기도 합니다

사랑은

사랑은 사랑 속을 거닐 때
피어납니다

아픔은 아픔 속을 거닐 때
피어납니다

당신이 거니는 곳은 어디입니까?

빼앗긴 영혼

영혼에 외로움 그 숨결이 들리는가

어릴 적 싱그러운 미소로 뛰놀던
코흘리개 아이는 어디로 사라졌는가

반딧불

바람결 따라 날아가
아픔이 있는 자에게로
슬픔이 있는 자에게로

찾아가 줘
그리고 그들에게
속삭이며 말해 줘

너를 위해
내가 왔노라고

작은 방 안에서

작은 내 마음의 방 안에서 나는 오늘도 생각의 무릎을 꿇고
나를 돌이켜 봅니다
무엇 때문에 나는 고통받는지
나의 상처는 내가 욕망하는 것으로부터 왔음을
나의 욕심으로부터 왔음을

눈물의 공기가 방 안을 가득히 채우고 나면
나는 한결 마음이 가벼워집니다

이 작은 방은 내 영혼을 위로합니다

아이들을 위하여 우리는

아이들은 지금 뛰놀고 있습니다
아이들은 지금 밝은 미소로 웃고 있습니다
아이들은 지금 엄마와 손잡고 걸어가고 있습니다

아이들을 위하여
우리 서로를 사랑합시다

끊임없이 내게 물을 때

끝없이 묻고 끝없이 질문하십시오
당신의 영혼에게
스스로를 찾고자 마음의 문에 다가섰을 때
영혼은 대답해 줄 것입니다

당신이
원하는 답을

잃어버린 시간

안개가 걷히자 보였습니다
나의 잘못이
욕심과 이기심이

나를 위해 기도하는
많은 이들의 바람이

잃어버린 시간 뒤로
나를 사랑하는 이들이 보였습니다

쉬운 일

자신도 모르게 오만하게 되는 것

자신도 모르게 이기적으로 치닫는 것

자신도 모르게 사랑을 잃는 것

세상에는 참으로

세상에는 참으로 많은 고통이 있습니다
굶주림에서 오는 고통 집 없음에서 오는 고통
온갖 질병에서 오는 고통
그러나
외로운 것 사랑받지 못하는 것 아무도 없는 것이야말로
가장 큰 고통이라고 나는 생각합니다

올바르지 못한 침묵

올바르지 못한 침묵이 세상에는 존재합니다

무엇 때문에 우리는

사랑한다는 말을
그리워한다는 말을
보고 싶다는 말을
가슴에만 담고 살까요

침묵을 깨고 나온 이 말들은
병든 자를 일으키고 죽어 가는 나무를 일으키며
나아가 기적을 행사합니다
지금 이야기하십시오
천사의 언어를

꿈을 꾸는 사람을 보았나요

꿈을 꾸는 사람을 보았나요
당신은 꿈을 꾸고 있나요?

어둠을 헤치며
고통을 헤치며
꿈의 종착지로
당신은 걸어가고 있습니까?

주검이 다가올 때까지

죽는다는 것은 정해진 사실입니다
웃으며 삽시다

죽는다는 것은 정해진 사실입니다
행복하게 삽시다

주검이 다가올 때까지
그저 쾌활하게 사십시오

○ 유예하다

인생에 있어 단 한 가지
사랑만큼은 미루지 마세요

그대는 위대한 사람

첫 새벽 차디찬 공기를 마주하고
뛰어가는 당신은

늦은 저녁 내려앉는 눈동자를 이기려 하는
당신은

삶에 있어 괴로움을 마주한
당신은 위대한 사람입니다

울고 있나요 그대

울고 있나요 그대
구석진 모퉁이에서
나는 당신을 알지 못하지만
그 눈물은 알 것 같습니다

울고 있나요 그대
구석진 모퉁이에서
나는 당신을 알지 못하지만
그 마음은 알 것 같습니다

우리 함께 일어나
눈물을 거둡시다
나는 당신이 보이지 않지만
마음의 손을 내밀겠습니다

사랑은 죽지 않았습니다

사랑은 죽지 않았습니다
사랑은 숨이 끊기지 않았습니다
그대가 사랑하는 모든 이의
가슴 한편에서 숨 쉽니다

커다란 사랑에 대하여

세상 모든 곳에 사랑이 꽃피고 있습니다
보이지 않는 곳에 사랑이 꽃피고 있습니다

꽃피고 꽃피어
잿빛으로 걸어가는 당신께 말을 거는군요

꽃피고 꽃피어
무거운 걸음을 옮기는 당신께 말을 거는군요

커다란 사랑이 당신의 발걸음을 멈춰 세울 것입니다
그대여 슬퍼하지 말아요
꽃피고 꽃피는 사랑 그 사랑을 보아요

오라 그대여

그대여 오라
푸르른 빛이 만개하는
내 마음의 정원으로
이곳에는 나의 사랑만이 존재하나니

오라 그대여

흰 눈은 내려오는데

흰 눈이 내려옵니다
하얀 빛깔의 순결한 아름다움이

나무 위에도 길가 위에도
눈은 쌓이고 쌓이는데

나는 그 순결의 아름다움을
느낄 수가 없으니

이 마음을 어찌해야 합니까

품

안아 주는 것이 없다면 세상은 곤경에 처합니다
안아 주는 것이 없다면 세상은 멸망하게 될 것입니다

품만이
인류를 진화시킵니다

지금 가까운 이들을 안아 주세요
그것이 당신과 내가 할 일입니다

○ 땀 흘려 일하는 그대에게

당신이 짊어진 무게는 어쩌면
육신의 마디마디에서 내뿜는
땀방울과 고달픔이 아니라

당신의 육신에서 깃들어 사는
사랑의 모든 것일 것입니다
그 사랑을 위해 조금만 더 힘을 내세요

당신 마음에 핀 나의 꽃을 사랑해 주세요

나의 눈물일까요
하늘에서 비가 내리 옵니다
대지는 비로 물들어 갑니다

당신의 마음에 핀 나의 꽃이
그대의 사랑으로부터
잘 지내고 있는지

안부를 묻습니다

나의 꽃이 만개할 즈음에
꽃을 보러 가겠습니다

그때까지만 한 떨기 꽃을
사랑해 주세요

선물

오늘 이 하루는
신이 내게 주신 선물입니다

우리가 사는 이 하루는
신이 허락한 우리를 위한 선물입니다

고백

수줍은 듯이
멀뚱히

수줍은 듯이
조심스레

나를 바라보는
꽃 한 송이

행복

지금 이대로 참 행복합니다

내가 살고 있는 이 하루는
누군가 원하고 원하던 인생이기 때문입니다

나는 참 행복한 사람입니다

난 당신의 사랑 속에 빠져들어요

나는 당신이란 바다에 빠져듭니다
바다는 나를 기쁨에 잠기게도
괴로움에 잠기게도 하지만
깊고 깊은 말로 형용할 수 없는
그 사랑에 나는 빠져
당신에게로 헤엄쳐 갑니다
끝없이 흐르는 사랑의 물결로

꽃으로 오시렵니까

꽃으로 오시렵니까
백합화 그윽한 꽃향기 안고서
임의 모습 그리운 이 밤에
그대여
꽃으로 오시렵니까

입맞춤

그대의 머리칼을 헝클어트리고
그대가 내뿜는 온기에 취하여
그대의 두 뺨에 입을 대노라
내 온몸엔 당신만이 흐르고
창밖의 저 달빛은 즐거이 노래하며 우릴 비추고
융합된 둘만의 숨결은 노래하노라 영원토록

시간이여 영원하여라

첫 새벽하늘을 마주하며

동녘 하늘이 우리를 바라봅니다
푸르른 옷을 입은 채
이 아침에
고요함이 스며든 세상을 난 마주한다오
첫 새벽 움트는 만물과 더불어
난 살아 숨 쉬오 저 하늘과 더불어
오, 놀라워라

그분의 행사가

무엇도 원망치 말라

나로부터 시작된 것임을
무엇도 원망치 말라
다만
안아 주어라 괴로움으로 짓눌린
스스로의 영혼을

ㅇ 흙

흙으로부터 오이, 당근, 배추, 꽃, 나무가
있습니다

흙으로부터 내가 시작되었다 합니다
나는 잘 모르겠으나
흙을 생각하면 마음이 좋고
흙을 생각하면 안정이 되고

우리는 흙으로부터 많은 것을 얻고 있습니다
더 늦기 전에 흙과 친해져야겠습니다

투명 우산

투명 우산 위로 보이는
빗방울처럼

사람의 마음도
보였으면 좋겠어

중독

인류는 목숨에 대한 중독입니다

어쩌면
살아감에 의하여
다른 무엇이 파괴되어 가고
있는 게 아닐는지요

삶이 행복한 이유

당신을 볼 수 있다는 것
당신을 만질 수 있다는 것
당신을 느낄 수 있다는 것

삶이 행복한 이유는
이러한 까닭입니다

원형 식탁

원형 식탁에서 울려 퍼지는 웃음소리
이보다 아름다운 소리가 세상에는 존재할까

원형 식탁에서 울려 퍼지는 웃음소리
이보다 성스러운 소리가 세상에는 존재할까

나비가 내려앉는 그곳에

척박한 대지 위에
어린 소녀의 희망의 꽃 있다면
나비는 날아오리라

희고 흰
꽃향기 맡으러

○ 축복의 메아리 세상을 뒤덮고

축복의 메아리
들려온다

그윽이 깊은
엄마의 심장으로부터

사랑의 메아리
들려온다

무릎 꿇고 기도하는
두 손의 깍지로부터

나무

나무는
물이 필요했고
햇빛이 필요했다

나는 아무것도 한 것이 없는데
나무는 자라났다

사랑의 시간

너는 나와의 시간을
기억하고 있을까
네가 내 무릎에 누워
잠들었던 시간을

온전히 우리로
깃든 사랑의 시간을
너는 기억하고 있을까

노인과 나

수차례 해가 지나가고 그 어디쯤에 나는 흰 머리카락에
주름진 얼굴을 한 노인이 되어 있겠지
그 후
여러 해 지나가 나의 영혼 휘날리어
누군가 본다면 나의 영혼 마주한다면 웃어 주시게나
내 그리 못난 삶은 아니었으니

신이시여 허락하옵소서

소녀와
소년이
거미줄을 흩트리고
푸르른 하늘에서 헤엄치는
삶만을 살아갈 수 있도록
그들의 마음에 동심의 물결이 지지 않기를
허락하옵소서
신이시여!

시간에 기대어서

지나간 시간
버려진 시간
사랑의 시간
아픔의 시간

우리는 살아간다

"시간에 기대어"